COMPTES DE MAISON

DU CARDINAL DE RICHELIEU,

DES DUCS DE NEMOURS ET DE CANDALLE,

DU CARDINAL MAZARIN,

DU ROI LOUIS XIV, DE MESDEMOISELLES D'ORLÉANS,

DE LA DUCHESSE DE BOURGOGNE

ET DE LA REINE MARIE LECZINSKA

(1633-1747)

PAR

LE VICOMTE DE GROUCHY

PARIS

1892

COMPTES DE MAISON

DU CARDINAL DE RICHELIEU, DES DUCS DE NEMOURS ET DE
CANDALLE, DU CARDINAL MAZARIN, DU ROI LOUIS XIV, DE
MESDEMOISELLES D'ORLÉANS, DE LA DUCHESSE DE BOUR-
GOGNE ET DE LA REINE MARIE LECZINSKA.

(1633-1747.)

La maison de Louis XIV était tenue avec un ordre admirable,
ainsi que nous le prouvent et les comptes et les inventaires qui en
ont été publiés. Nous avons relevé, de notre côté, un document
fort intéressant pour l'histoire intime du roi : c'est un *marché de
pourvoierie* passé par-devant notaire et signé du grand maître de
France et du premier maître d'hôtel de Sa Majesté. Il nous donne et
les prix et la liste de ce que l'on mangeait alors, les *trippes de morue,
la baleine et la seiche.* Nous avons joint à ces notes quelques rensei-
gnements sur la maison du cardinal de Richelieu et sur celles du duc
de Nemours, du duc de Candalle, du cardinal Mazarin, de mesdemoiselles d'Orléans, de la duchesse de Bourgogne et de Marie
Leczinska, rencontrés par nous dans divers minutiers de notaires
parisiens.

I.

LE CARDINAL DE RICHELIEU[1].

Le 16 novembre 1633, nous trouvons un marché passé avec les
pourvoyeurs pour servir le cardinal, en quelque province que ce soit,
pendant quatre ans, et lui fournir, ainsi qu'à sa suite, toutes les
viandes et poissons. Ces pourvoyeurs étaient : Jean et René Piron,
pour la viande et la chandelle; Simon Formel et François Sénéchal,
pour le vin de bouche, de suite et du commun, le bois et le charbon,
la nourriture des chevaux, et la fourniture des chevaux de charroi
et mulets; Médard Mercier et Claude Mauperrin, pour la boulan-
gerie, le pain, la farine; Marin Fouguère, pour la pâtisserie; Jean
Jouan, pour les oranges et les citrons; Étienne Armentier, pour l'épicerie; Antoine Hourdault, pour les habits de livrée, etc. Venaient
ensuite Cresse, tapissier, Jacques de Lannoy, orfèvre, Guy Poquelin,
drapier, Adrien Gonce, sellier, Antoine Sanson, carrossier, etc.

---

1. Communication de notre confrère M. A. de Boislisle, membre de l'Institut.

Le 8 janvier 1639, un marché fut fait avec un pourvoyeur pour fournir en tous lieux, de vin pur et légal, la maison du cardinal, savoir : pour sa bouche, du meilleur qui se trouvera à dix lieues à la ronde, à six sols la pinte ; pour sa suite, du meilleur qui se trouvera dans le quartier, à quatre sols la pinte, et, pour le commun, du meilleur qui se trouvera sur les lieux, après le précédent, à trois sols la pinte. Le prix du bois, un tiers bûches, un tiers cotterets, un tiers fagots, est fixé à 23 livres, 2 sols, 6 deniers par jour, du 1er novembre à Pâques, et à 12 livres, 1 sol, pour le reste de l'année.

Le 6 décembre suivant, marché est passé avec le valet de Charles Sénéchal pour fournir seize mulets noirs avec leurs muletiers, pour porter toutes les nécessités, meubles, tapisseries, vaisselle, etc., à la suite du cardinal. Puis, un autre pour la nourriture de seize chevaux de carrosse et de seize chevaux de selle [1], de deux grandes charrettes attelées de quatre chevaux pour les bagages des domestiques, un fourgon attelé de quatre chevaux pour la cuisine et quatre sommiers, etc.

Richelieu menait, on le sait, un train princier, qui excita souvent la jalousie du roi ; la dépense de sa maison, depuis qu'il était premier ministre, montait à mille écus par jour. Sa table a été donnée dans la *Revue des Sociétés savantes*, 1874, 1er semestre, p. 495.

Dans d'autres actes inédits, nous voyons que la grande écurie du cardinal se composait de M. de Roques et d'un valet ; de M. de la Porte, gouverneur des pages, et d'un valet ; d'un maître à faire des armes, d'un maître à danser et d'un valet pour eux deux ; d'un maître de mathématiques, de seize pages, de douze valets pour les pages, d'un cuisinier, d'un servant de cuisine. Chaque jour deux tables rondes étaient servies ; ce service se composait, les jours gras, pour le matin, de deux chapons bouillis, de deux queues de mouton, d'une pièce de bœuf de quatre livres, d'un plat de six langues de mouton, d'une épaule de mouton, d'une salade. Pour le soir : deux chapons rôtis, deux potages, une *haute coste* de mouton, un jarret de veau, un aloyau de quatre livres, un gigot de mouton, un autre plat de lapin, du veau rôti, une douzaine d'alouettes, une salade.

Pour les jours maigres : deux bons potages ; deux carpes d'un pied et deux doigts, l'une à l'étuvée, l'autre frite ; deux plats de huit œufs chacun ; un bon plat de morue ; deux omelettes de huit œufs chacune ; une salade.

---

1. Par son testament, Richelieu léguait douze des meilleurs chevaux de selle à ses parents et les dix-huit restants à son premier écuyer, de Roques ; tous les autres chevaux et mulets, carrosses et litières, avec leurs attelages, aux sieurs de Grave et de Saint-Léger, ses écuyers, qui s'en saisirent avant l'inventaire.

Chaque table avait quatre plats de fruits, soir et matin. Chaque
page recevait quatre pains ; chacun des gens de la suite, trois, et dix
autres pains servaient à *trancher*. Le bois était également fourni.
Tous les quinze jours, les maîtres, pages et valets avaient des draps
blancs ; tous les matins, les tables recevaient une nappe blanche, et
les maîtres et pages prenaient une serviette. En outre, chaque table
avait deux serviettes pour laver les mains. La dépense totale de la
cuisine des pages montait par jour à près de 34 livres, à elle seule.

II.

LE DUC DE NEMOURS.

Le 28 juin 1639, François Frichet, marchand pourvoyeur de la
comtesse de Soissons, demeurant rue du Bout-du-Monde, paroisse
Saint-Eustache ; Michel Desmoulins, pourvoyeur du marquis d'Effiat,
demeurant rue Montmartre, et Jean Messier, dit Vacquette, pourvoyeur du comte de Montmartin, demeurant sous les piliers des
Halles, promirent à monseigneur Louis de Savoie, duc de Genevois,
Nemours et Aumale, pair de France, comte de Genève et de Gisors,
marquis de Saint-Sorlin et de Saint-Rambert, baron de Faucigny,
Bray-sur-Seine et autres lieux, émancipé sous l'autorité de messieurs
de son conseil établi par le roi par lettres patentes du 25 février 1638,
de lui fournir pour la dépense de sa maison, soit à Paris, en son
hôtel, rue Pavée-Saint-André-des-Arts, soit à la suite de l'armée du
roi, hormis les pays d'Italie, Lorraine et Allemagne, tant pour la
« bouche » de monseigneur et son train que pour ses chevaux et
mulets, tout ce qui était contenu en un état, « à commencer du jour
« que monseigneur partira avec son train pour s'en aller à l'armée,
« pendant un an accompli. »

Les pourvoyeurs reçurent, le jour de la signature de l'acte,
4,000 livres, qui leur furent délivrées par noble homme Mᵉ Lécuyer,
trésorier de la maison du duc, en pistoles d'or et réaux d'Espagne.
Les fournitures devaient être payées de trois en trois mois, sur état
arrêté par les maîtres d'hôtel, contrôleurs et argentiers de sa maison.
Pour l'exécution de cet acte, Louis de Savoie faisait élection de domi-
cile chez son procureur, le sieur Nau, demeurant rue Pouppée,
paroisse Saint-Séverin.

Il était ajouté que chaque cheval de carrosse ou chariot mangerait
deux bottes et demie de foin, comme il vient sur les ports de Paris,
une gerbe de paille, six mesures d'avoine faisant, les six, le grand boisseau des seize au setier. Chaque cheval de selle avait deux bottes de
foin, une gerbe de paille et quatre mesures d'avoine. Les marchands
fournissaient l'huile et la chandelle de l'écurie. Les pourvoyeurs

avaient deux hommes défrayés, qui touchaient chacun 20 livres par mois ; on leur remettait une couverture aux armes du duc, et, à l'armée, ils recevaient le « Parisis[1]. »

Le 23 juillet 1639, Vincent Leure, blanchisseur du duc de Nemours, demeurant à la Grenouillère, hors la porte de Nesles-lez-Paris, promettait au prince de le blanchir pendant un an. Il devait être lavé par jour neuf nappes et quarante-huit serviettes, et le linge de corps de cinquante-quatre personnes de suite, pour 135 livres par mois. Deux garçons blanchisseurs recevaient en outre huit pains, trois pintes de vin et trois livres de viande, bœuf et mouton, une chandelle des huit à la livre, chaque jour ; les jours maigres, la viande était remplacée par huit œufs, une livre de beurre et une pièce de morue. Et, le trente août 1643, le même blanchisseur promettait à Charles-Amédée de Savoie, frère du précédent, et à Élisabeth de Vendôme, sa femme, de les blanchir, eux, leur train, pages et valets de pied, ainsi que six douzaines de serviettes et deux nappes de table par jour, moyennant « neuf-vingts livres » par mois.

Le 12 août 1643, le duc et la duchesse de Nemours « étant en ce « jour en l'hostel de Vandosme, rue Neuve-Saint-Honoré, paroisse « Saint-Roch, » réglèrent leurs comptes avec Pierre Lemusnier, « trésorier général des finances de mondit seigneur, » demeurant rue des Quatre-Fils, à qui ils se trouvaient redevoir 9,000 livres. Ils lui confirmèrent leur procuration, lui empruntèrent 30,000 livres, pour payer les dépenses de leur mariage, et s'engagèrent à ne prélever que 120,000 livres sur leurs revenus tant que leurs affaires ne seraient pas réglées. Dans les comptes remis par Lemusnier, nous relevons : au vicomte de Courval, pour six chevaux de carrosse, 2,500 livres. — Au sieur Delphin, pour un cheval barbe, 1,100 livres. — Au marquis de Coatquin, pour un cheval, 610 livres. — Au chevalier de Mercey, pour un quartier de l'entretien des hommes, chevaux, chiens et équipages de chasse, 1,250 livres. — A Olivier, sellier, pour un carrosse gris, 660 livres. — A Claude du Breuil, sœur de feu Monseigneur, frère de Monseigneur, 90 livres. — Au sieur Chevalier, valet de chambre de Monseigneur, pour les menus plaisirs de Sa Grandeur dans le mois de mai, 320 livres. — Au sieur Chevalier un habit pour Monseigneur, 270 livres. — Au sieur Cottin, linger, pour fourniture de linge, 695 livres. — A un courrier envoyé à Rome, 1,500 livres. — Au sieur de Mercey, pour un voyage en Piémont, 2,000 livres. — Au sieur de Sainte-Marie, valet de chambre de Monseigneur, pour une montre, 330 livres. — Au sieur Barrot, pour prix d'une haque-

---

1. En terme de compte, le « Parisis » d'une somme était l'addition de sa quatrième partie au total. Ainsi le « Parisis » de seize sous était quatre sous, etc.

née à donner à l'ambassadeur de Savoie, 600 livres. — A Monseigneur, pour les violons qui ont donné une sérénade à mademoiselle de Vandosme, 240 livres. — A M. Levasseur, notaire apostolique, pour les frais de la fulmination de la dispense du mariage de Monseigneur, 600 livres. — Au sieur de Laistre, orfèvre, pour vaisselle d'argent, 2,000 livres. — A Martial, parfumeur, pour des sachets, 700 livres. — Au chevalier de Mercey, pour achat d'une meute de chiens courants, 1,000 livres. — Au curé de Saint-Roch, pour la publication des bans du mariage de Monseigneur, 70 livres. — A Jean Bernard, prix d'un grand miroir pour Madame, 520 livres. — A Monseigneur, tant pour payer un cheval que pour les frais d'un baptême, 500 livres. — A Jacques Duchemin, peintre, pour dorures à l'hôtel de Nemours, 600 livres. — A Quentin Lefèvre, brodeur, pour broderies pour le cabinet de Madame, 300 livres, etc.

Le 2 septembre 1643, Michel Desmoulins, marchand pourvoyeur, demeurant rue Montmartre, promettait à Charles-Amédée de Savoie et à Élisabeth de Vendôme de leur fournir, tant à la ville qu'à la campagne, toute la viande de bœuf, veau et mouton, volailles, gibier, poisson, lard, beurre, graisse, vin, avoine, foin, pain et bois aux mêmes conditions que le sieur Raffart, pourvoyeur actuel, et moyennant l'entretien de trois personnes. En signant, il toucha 2,000 livres en pistoles d'Espagne, doubles et simples.

Le 8 octobre suivant, Antoine de la Porte, demeurant au carrefour du pont Saint-Michel, derrière la barrière des Sergents, chef des offices de paneterie, sommellerie et fruiterie de la maison de Leurs Altesses, s'engageait à leur fournir seize bons plats de fruits pour leur table, chaque jour, « soit fruits crus, suivant la saison, confitures ou « massepains ; deux salades et quatre plats de fruits pour les filles de « Madame ; huit plats pour la table du controlleur, plus tout le sel « qui conviendra pour lesdites tables, les œufs et le beurre frais pour « les jours maigres, qui seront demandés par mesd. seigneur et dame, « à leurs desjeuners et collations, comme aussy de fournir touttes les « bouteilles, boutillons, verres et pots, cruches, mannes, sceaux, et « généralement toutes les choses nécessaires pour le service de l'of- « fice. » Le tout moyennant 12 livres, 10 s., par jour.

Le même jour, Léger Levasseur, écuyer de cuisine de Leurs Altesses, promettait de leur servir : « douze plats d'entremets par « jour, que ledit Levasseur acheptera sans rien prendre aux viandes « de la cuysine ny au pourvoyeur fournissant la maison, lesquels « entremets seront donnés suivant les saisons, plus fournira la paste « qu'il conviendra pour deux entrées, l'une le matin, l'autre le soir, « le beurre et les œufs qui seront nécessaires pour les potaiges, entre- « mets et entrées, herbes, épicerie, sucre, pots de terre et ficelles « nécessaires pour la cuisine, les poix et lantilles de caresme pour les

« potages, lesquelz entremetz, estant levés du service de la table de
« mesdits seigneur et dame, seront portés sur la table du controleur; »
le tout moyennant 9 livres par jour.

C'est en faisant ces règlements que le prince et la princesse, de
l'avis de Charles de la Nanne, chef de leur conseil, conseiller au
parlement, et de noble homme Pierre Lemusnier, receveur général
de leurs maisons et finances, considérant que les revenus de leurs
duchés, marquisats et comtés ne se percevaient qu'à des époques
éloignées, s'engagèrent à ne prendre que 100,000 livres par an — soit
25,000 livres par quartier — pour leurs dépenses courantes : de ce
fait, Lemusnier, qui devait les leur donner, recevait pour gages et
appointements 4,200 livres par an.

Le 10 avril 1649, Simon Poirier, marchand boucher, demeurant
à Saint-Germain-des-Prés-lez-Paris, rue des Boucheries, paroisse
Saint-Sulpice, promettait à la duchesse de Nemours de lui fournir
pendant un an du bœuf, veau et mouton, à 4 sous, 6 deniers, la livre.
Le trente septembre de la même année, Jacques Le Blé, boulanger, rue du Chantre, s'engageait envers le duc à lui donner du
pain pendant un an, les deux tiers de blanc et un tiers de bis-blanc
(les pains devaient peser cinq onces chacun, cuit, à Paris, et aux
armées sept onces), moyennant treize sous la douzaine, « et, en cas
« que le blé vienne à amender, ne sera payé que dix sous la douzaine
« dudit pain. »

Le 7 janvier 1645, Michel Desmoulins, marchand pourvoyeur,
demeurant rue Montmartre, promettait à Charles-Amédée de Savoie
et à Élisabeth de Vendôme de fournir les vivres nécessaires à leur
maison à des prix peu différents des premiers, mais avec 1,000 livres
d'augmentation au moment de la signature du marché.

Le 6 février, M. et Mme de Nemours signaient au contrat de Charles
Chevalier, valet de chambre du duc, avec Marguerite de Rougemas,
fille de Pierre de Rougemas, concierge du duc de Vendôme, et première femme de chambre de la duchesse.

Quand Charles-Amédée de Savoie et Élisabeth de Vendôme eurent
vendu à Henri de Mesmes, président au parlement de Paris, et à
Marie de Fossé, son épouse, demeurant rue Sainte-Avoye, la baron-
nie de Bray-sur-Seine « moyennant neuf vingts et trois mil livres,
« destinées à solder les dettes de la maison de Nemours, » on vit
intervenir parmi les créanciers payés le 22 septembre 1647 : « Sebas-
« tien Bruand, maître général des œuvres de charpenterie des bâti-
« mens du Roy, ponts et chaussées de France, demeurant rue des
« Cultures, 1,600 livres pour charpenterie exécutée à l'hôtel de
« Nemours ; dette qu'il avait transportée à Edme Jacob, professeur
« en l'Université de France. — Jacques Le Blé, boulanger en petit
« pain, demeurant rue du Chantre, 1,500 livres pour son fourni aux

« chevaux. — Marguerite Darragon, veuve de Nicolas Le Breton,
« auditeur des comptes, fille et héritière d'Hugues d'Aragon, sieur de
« Passy-lez-Paris et de Mandegris, 15,000 livres pour prêt. — Michel
« Mesnard, panacher (*sic*) ordinaire du Roi, demeurant sur le pont
« Notre-Dame, à l'enseigne du Veau-Vert, paroisse Saint-Jacques-
« la-Boucherie, 700 livres pour plumes. — François du Ponct, pas-
« sementier, rue des Lombards, 4,200 livres pour dentelles d'or et
« d'argent. — Jean Segan Lamy, marchand de soye sur le petit Pont,
« à l'enseigne de l'Empereur, paroisse Saint-Germain-le-Vieil, 3,900 l.
« pour fournitures d'étoffes. — Guillaume Fiet, épicier au marché
« Neuf, 700 livres pour luminaire fourni aux funérailles de défunt
« Monseigneur[1]. — Jean Poignant, linger, rue Aubry-le-Boucher,
« paroisse Saint-Leu et Saint-Gilles, 2,500 livres pour linge et den-
« telles. — Jean Cosnard et Simon Le Fèvre, lingers, à la Pomme-
« d'Or, rue Aubry-le-Boucher, 6,400 livres pour linge. — François
« Bastonneau, marchand de soie, rue du Petit-Pont, 1,400 livres pour
« fournitures. — Joseph Bontifault, sieur du Mesnil, fourbisseur
« d'épées, rue Glatigny, paroisse Saint-Symphorien, 108 livres. —
« Pierre Boucher, gantier, à la tournée du pont Saint-Michel, paroisse
« Saint-André-des-Arts, 1,107 livres. — Hennin, bonnetier, sur le
« pont Saint-Michel, 1,430 livres. — Pierre Galleman, sommier
« d'armes du Roi, y demeurant aussi, 107 livres, etc. »

III.

LE DUC DE CANDALLE.

Le 21 décembre 1650, Nicolas Trocquet, bourgeois de Paris,
demeurant rue Saint-Martin, aux Trois-Pucelles, promettait à Louis-
Gaston-Charles de Foix de la Vallette, duc de Candalle, pair et colo-
nel général de l'infanterie de France, demeurant en son hôtel, rue
Plâtrière, de lui livrer les marchandises nécessaires à sa maison,
demandées par le sieur Budon, maître d'hôtel du duc, montant à
119 livres, 1 sol, 6 deniers, par jour, soit par an 43,462 livres, 7 sols,
6 deniers, et de fournir à l'extraordinaire ce qui lui serait demandé,
à des prix débattus. Le sieur de Forcade, intendant du duc, garantis-
sait le marché. Il devait être donné quinze douzaines de pains chaque
jour à douze sols la douzaine, trois bouteillards de vin de bouche à
dix sols la pinte, un quart de muid (moitié de suite et moitié de commun) à quatre sols la pinte.

« Pour les fournitures de la cuisine, que le cuisinier a coutume
« faire, 6 livres par jour. — Pour la fourniture du fruit de sucre,
« 6 livres. — Pour trois flambeaux de cire blanche, d'un quarteron

---

1. Louis de Savoie était mort dans les premiers jours de mars 1638.

« pièce, 19 sols. — Pour 50 bûches, 75 fagots, le quart d'un muid de
« charbon, depuis la Toussaint jusqu'à Pâques, et 20 bûches, 25 fagots,
« un quart de muid de charbon, de Pâques à la Toussaint, 15 livres
« par jour. — Pour la fourniture du linge de table et cuisine par an,
« 600 livres. — Pour le blanchissage du linge de table et office domes-
« tique, 40 livres par mois. — Pour plusieurs menues choses, savoir :
« balais, sablon, grès, raccomodages de serrure, maçonnerie, clous,
« pelles, papier, deux habits par an à un petit garçon de cuisine,
« linge et souliers, 45 livres par mois. »

« A l'escurie, huit chevaux de carrosse, auxquels sera fourny cinq
« mesures d'avoine, trois bottes de foing et deux petites bottes de
« paille par jour. Plus trois chevaux de selle, qui recevront trois
« mesures d'avoine, deux bottes de foin, une botte de paille, plus
« huile à brûler, chandelles, pelles et fourches, balais, esponges,
« espoussettes, brosses, étrilles, etc., 20 sols par jour et par cheval.
« — Pour la ferrure, médicaments, pansement des chevaux, 35 sols
« par mois et par cheval. — Pour la despence du cocher, du postil-
« lon, d'un garçon, de trois palefreniers et d'un maréchal, 14 sous
« chacun par jour. — Pour le vieil oing pour graisser le carrosse,
« 3 livres 4 sols par mois. — Pour serrer lesquelles fournitures on
« livrera au sieur Troquet les greniers et autres lieux à ce commodes,
« que besoing sera. Ledit Troquet sera nourri à l'hôtel, avec son
« cheval et ung garçon. Luy sera délivré, au premier jour de janvier
« prochain, trois couvertures aux armes dudit seigneur, pour mettre
« sur un fourgon et chevaux de bât, comme aussy aura son loge-
« ment commode, qui sera marqué par le maréchal des logis aux lieux
« où ledit seigneur duc sera. Sy pendant le tems du présent marché
« il arrive que ledit seigneur aille à l'armée, il accorde au sieur Tro-
« quet le parisis de chacune livre à quoy montera la despence qu'il
« aura faite, suivant son livre-journal. »

Chaque jour gras, il devait être livré soixante livres de chair de
bœuf, veau et mouton, à 5 sous, 6 deniers, la livre ; une poule ou chapon paillé, à 22 sous ; douze poulets ou douze pigeons, à 6 livres,
12 sols ; trois perdrix, ou trois bécasses, ou six pluviers, ou trois
ramiers, ou trois ramereaux, à 3 livres, 6 sols ; deux chapons gras à
4 livres ; deux lapins à 44 sols ; trois livres de chandelles à 30 sols. —
Et chaque jour maigre, un brochet de pied quatre doigts à 4 livres ;
deux grandes soles à 6 livres ; six carpes de pied à 6 livres ; trois
moyennes, ou six petites soles à 6 livres ; six paniers de moules à
36 sols ; deux cents et demi d'œufs, 7 livres, 10 sols ; douze livres de
beurre, 6 livres ; une livre d'huile d'olive, 10 sols ; trois livres de
chandelles, 30 sols, etc.

IV.

LE CARDINAL MAZARIN.

Le 15 octobre 1658, Simon Formel, bourgeois de Paris, demeurant rue Aumaire, paroisse Saint-Laurent, Pierre Duchesne, logé
rue Saint-Martin, même paroisse, s'obligeaient envers le cardinal,
représenté par J.-B. Colbert, baron de Seignelay, intendant général
des affaires et maison de Son Éminence, de « suivre Monseigneur
« partout où il s'acheminera et séjournera dans ce royaulme et pays
« reconquis, en quelque province que ce soit, du 9ᵉ jour d'aoust der-
« nier au 9ᵉ janvier de l'année que l'on comptera 1660, et, pendant
« ledit temps, fournir et livrer pour la maison et train de Son Émi-
« nence, toutes et chacunes viandes, chair, poisson, vin, et encore
« tout le foing, avoine et paille pour la nourriture des chevaux et
« autres fournitures et marchandises qui leur seront ordonnées pour
« le service de la maison dudit seigneur cardinal, des sortes, longueurs,
« grosseurs et qualités cy-après déclarées, pour les prix mentionnés,
« etc... Et promettent lesdits sieurs fournisseurs faire porter, sur un
« sommier ou une charrette, le vin pour la table et bouche de Son
« Éminence, moyennant 8 sols la pinte ; le vin de suite à prendre
« dans le quartier, à 6 sols, et le vin commun à prendre sur lieu, à
« 4 sols la pinte. »

Chaque cheval mangeait un boisseau comble, mesure de Paris,
21 à 22 livres de foin et une gerbe de paille.

Les fournitures étaient payées de mois en mois, et « sera baillé aux-
« dits pourvoyeurs quatre couvertures aux armes de Son Éminence,
« lorsqu'elle sortira hors Paris, pour servir à mettre sur les provisions,
« et leur sera aussi baillé un logis aux quartiers et logements que
« ledit seigneur cardinal fera hors Paris... Si Son Éminence fait
« voyage hors le royaulme, pays reconquis et lieux hors des limites
« de l'obéissance du Roy, lesdits marchands seront tenus de le suivre
« et fournir, et leur sera fait raison sur la cherté des vivres aux lieux
« où Son Éminence sera... »

V.

LE ROI.

Le 15 mars 1659, Antoine Le Roux, marchand pourvoyeur, demeurant rue aux Ours, paroisse Saint-Jean-Saint-Gilles, promettait au
roi, représenté par le prince de Conti, grand maître de France, assisté
de Louis de Comminges, marquis de Vervins, premier maître de
l'hôtel du roi, de Messieurs d'Escoubleau, de Beauvais, Hotman, de
Morfontaine, maîtres d'hôtel en quartier, des sieurs Hesselin, de

Bragelongne, maîtres de la chambre aux deniers, Coquet et Parfait, contrôleurs généraux, Vanderouck, Beaudoin et l'Eschallas, contrôleurs ordinaires, de fournir la maison royale, pour la bouche, festins, traitements d'ambassadeurs, seigneurs français et étrangers, partout où le roi jugera à propos de résider, du 17 mars 1659 au 31 décembre 1661, de toutes sortes de marchandises de boucherie et poissonnerie, suivant les menus qui lui en seraient donnés. Aux extraordinaires, les pièces bardées, lardées et piquées étaient comptées 10 sols de plus que le tarif, sauf les faisans, gélinottes de bois et poulets d'Inde, augmentés de 20 sols. Si le pourvoyeur ne pouvait fournir ce qui lui était demandé, on achetait les marchandises à ses dépens, quelque prix qu'elles puissent coûter ; le poisson, depuis le 1er octobre jusqu'au 1er avril, était apporté à sept heures du matin, et du 1er avril au 1er octobre à cinq heures ; la remise de la viande devait avoir lieu à deux heures après midi, afin que, s'il arrivait que les fournitures ne fussent pas bonnes, on ait le temps de s'en procurer d'autres. Le pourvoyeur ne pouvait fournir aucun poisson mort à Paris, Saint-Germain-en-Laye, Fontainebleau, Blois et autres villes situées sur une rivière, et il recevait, pour assurer ses fournitures, une couverture aux armes du roi, que l'on remplaçait par une neuve lorsqu'elle était usée.

Le maître de la chambre aux deniers en exercice devait remettre chaque mois au pourvoyeur 12,000 livres et lui payer les extraordinaires et le surplus sur état, chaque trimestre. En cas de résiliation du marché, l'indemnité stipulée était de 4,000 livres. En sus, pour se couvrir des grands frais de son équipage, le pourvoyeur devait toucher 30,000 livres le jour de la signature du marché. Si le roi faisait un long voyage dans son royaume ou ailleurs, le pourvoyeur doublait son équipage et recevait le Parisis de toutes les fournitures. Il était mis sur l'état général des officiers domestiques et commensaux de la maison du roi, aux gages accoutumés. Il recevait chaque jour douze pains et un septier de vin et était logé par les maréchaux-des-logis du roi.

« Et, pour esviter les difficultez qui se sont cy-devant présentées « aux chaisnes faittes pour mesurer le poisson, sur l'explication des « doigts ou poulces, a esté expressément accordé que ledit pour- « voyeur sera tenu de se servir de la mesure du Chastelet de Paris, « et que les doigts s'entendent poulces du pied du Roy. »

VI.

MESDEMOISELLES D'ORLÉANS.

Le 26 mai 1660, Claude Lepelletier, conseiller au Parlement, intendant en chef de la tutelle de Mesdemoiselles d'Orléans, d'Alençon et de Valois, filles de Gaston, demeurant rue Barbette, et Nicolas Pinette, ancien trésorier général des finances du duc, demeurant rue des Charbonniers, au faubourg Saint-Michel, convenaient avec Claude Belon, dit Châlon, écuyer de bouche de Madame la Duchesse et de Mesdemoiselles, demeurant « palais d'Orléans, au faubourg Saint-Germain, « rue de Tournon, » du marché suivant.

Châlon devait subvenir pendant six ans à toutes les dépenses de viande, fruit, pain, vin et autres choses concernant la table de « Mes- « demoiselles, » même au linge et au bois nécessaire pour la cuisine. On spécifiait, pour le bouillon des princesses, une pièce de veau, un chapon, une livre pesant de bœuf et une pièce de mouton. Chaque jour, on servait deux potages à dîner et deux à souper, consommant quatre livres de bœuf, deux pièces de veau et deux pièces de mouton, un chapon, trois pigeons et trois poulets. Quatre entrées par jour employaient une « marmade » de trois poulets, une poitrine de veau, un « haut-coste » de mouton et trois pigeons; le rôti comprenait trois pièces de veau, un chapon et la quantité voulue de lapins, perdrix, bécasses, pigeons et poulets; il y avait huit plats de fruits aussi chaque jour. La batterie de cuisine, son entretien, les gages des garçons et les « flambeaux pour conduire les viandes » étaient au compte du pourvoyeur. Si « Mesdemoiselles » allaient à la campagne, il devait être fourni à Châlon des chevaux, chariots et charrettes pour le transport des ustensiles, tant à l'aller qu'au retour.

Ce marché était fait moyennant 13,000 livres par an, payables mensuellement à raison de 1,038 livres 6 sous 8 deniers; la desserte appartenait au pourvoyeur, qui, de ces restes, devait « délivrer par « chacun jour » à la « sous-gouvernante de mesd. Demoiselles un « potage et une pièce de rôty. »

L'acte que nous avons eu sous les yeux est signé : Le Pelletier, Pinette, Lalou, Châlon, et des deux notaires Le Caron et Gallois.

VII.

LA DUCHESSE DE BOURGOGNE.

Les marchés pour la duchesse de Bourgogne sont du 12 décembre 1697, au moment de son mariage, et furent passés en son nom par Philippe de Courvallon, marquis de Dangeau, chevalier d'honneur, demeurant rue de Fourcy, Édouard Colbert, marquis de Villacerf, et Pierre-Gilbert Colbert, marquis de Payens, son fils, premiers maîtres d'hôtel, demeurant rue de l'Égout, Georges Benoist, contrôleur ordinaire de la bouche et maison du roi, maître d'hôtel, et Pierre Margalé, contrôleur général de la maison de la duchesse.

Le linge était fourni par Antoine Cozette, concierge de la manufacture royale des Gobelins : savoir au gobelet de la princesse tout le linge nécessaire à son service ; pour la table du premier maître d'hôtel, par jour, quatre nappes, dont deux de petit Venise et deux ouvrées très fines, trois douzaines et demie de serviettes de petite Venise, six grosses nappes ouvrées, plus la manne à nettoyer la vaisselle, une douzaine et demie de serviettes, tant pour ceux qui mangeaient de la desserte que pour les garçons qui portaient les plats de la table, et une nappe fine pour le dais du buffet tous les trois jours.

Pour la table des maîtres d'hôtel, cinq nappes et deux douzaines et demie de serviettes.

Pour la table des gentilshommes servants, trois nappes et vingt-quatre serviettes par jour.

Pour la table des pages, trois nappes, dont une pour le buffet, et trois douzaines de serviettes par jour.

Pour la table des valets de chambre, trois nappes et dix-huit serviettes par jour.

Pour la cuisine-bouche, deux nappes ouvrées pour mettre sur la table quand on dresse le manger de la duchesse, six grosses nappes, trois douzaines et quatre serviettes et quatre nappes pour essuyer la vaisselle par jour ; et deux nappes par semaine pour servir de dedans au garde-manger.

Pour le petit commun, trois grandes nappes ouvrées pour mettre sur la table quand on dresse les viandes de la table de « Monsieur le « premier, » quatre grosses nappes et quatre douzaines de serviettes, dont moitié d'ouvrées et moitié de grosses par jour.

Pour le grand commun, neuf nappes, dont trois pour essuyer la vaisselle, et dix-huit serviettes par jour.

Pour la fruiterie, deux nappes et douze serviettes par jour.

Pour la panneterie, une nappe et sept serviettes par jour et trois portants par semaine.

Pour l'eschançonnerie, une nappe et huit serviettes par jour.

Pour la fourrière, une nappe et huit serviettes par jour.

Et, outre cela, à la panneterie, eschançonnerie et fourrière, encore une grosse serviette par jour pour essuyer leur vaisselle.

Plus, chaque année, il était fourni trente-deux paillasses pour le train de la princesse.

Pour faire ces fournitures, le sieur Cozette était tenu de servir en personne à la suite de la princesse ; il devait lui être donné deux pains et une quarte de vin commun avec une pièce de mouton les jours gras et une carpe les jours maigres, hors la ville de Paris.

Le linge devait être livré aux lavandières de la duchesse deux fois par semaine, et les lavandières le rendaient blanc, net et bien plié dans des coffres.

Si le sieur Cozette fournissait du linge par extraordinaire pour festins ou traitement d'ambassadeurs, il ne devait pas lui être accordé de surplus.

Si le linge était brûlé ou volé, la princesse en devait indemniser son fournisseur.

Le prix de ce marché était de dix-sept livres par jour, payables de mois en mois.

Le pain était vendu par Charles Lepage, boulanger à Versailles ; lequel donnait deux tiers de pain de bouche et un tiers de commun, du poids de neuf à dix onces, le pain cuit et rassis, moyennant vingt-deux sous la douzaine de pains payable sur état à la fin de chaque mois. Le Parisis était accordé à trente lieues de Paris ; le fournisseur était tenu d'avoir deux couvertures aux armes et couleurs de la princesse, pour lesquelles on lui payait douze livres par quartier. Il était donné à Lepage deux sacs de cuir pour mettre les farines du pain de bouche et les porter à l'office du gobelet. Lorsqu'il se faisait des festins ou traitements d'ambassadeurs, le boulanger était payé comptant ; il recevait journellement les mêmes vivres que le sieur Cozette, et, dit le contrat, « lorsque madite dame marchera en cam-« pagne, le sieur Lepage sera tenu d'avoir pour son équipage au « moins deux charrettes à quatre chevaux chacune, deux chevaux de « bât et le nombre de personnes qui lui seront nécessaires pour bien « faire le service. »

Louis Darboulin, Charles Lozan, Jean Desliens, marchands de vin à Versailles, fournissaient la cave de vin blanc et clairet. Ils ne devaient donner, « pour la personne de mad. dame, d'autre vin que « du françois, sans même qu'il en puisse fournir d'Orléans ni de Gas-« cogne, en quelques lieux que mad. dame puisse aller ; l'essay duquel « vin sera fait par le premier médecin de mad. dame, aux soins et « diligence des officiers d'eschançonnerie bouche. » Ce marché était fait moyennant le prix de deux cent cinquante livres le muid de vin de table, pendant trois ans, et deux cents livres les deux années suivantes, cent livres le muid de vin commun dans la première période et quatre-vingt-dix livres dans la seconde. Les muids étaient de jauge mesure de Paris, tenant trente-six septiers ; le Parisis était accordé à vingt lieues de Paris, mais les droits d'entrée étaient à la charge de l'entrepreneur, qui recevait chaque jour une pièce de viande ou poisson et deux pains, plus quarante livres par quartier pour les couvertures aux armes et livrées de la princesse.

Jacques Rochon, Jean-Marie Bacquet, Nicolas Bacquet, pourvoyeurs de la maison du roi, demeurant ensemble à Paris, rue des Vieux-Augustins, fournissaient la viande, le poisson et la volaille ; ils portaient les vivres à l'office dès cinq heures du matin en été et à sept heures en hiver, recevaient des vivres en nature comme leurs collègues, ainsi que quarante livres par quartier pour les couvertures

aux armes. Ils touchaient le Parisis à vingt lieues de Paris. « Lesd.
« pourvoyeurs, dit encore l'acte, fourniront aux enfants de cuisine,
« bouche et commun, le suif des moutons, ainsi qu'il se pratique chez
« le Roy..... Outre les prix accordez, il sera encore payé auxd. pour-
« voyeurs, et par l'extraordinaire, par chaque année, la somme de six
« mil livres, à raison de chacun quartier. »

VIII.

MARIE LECZINSKA.

Le 10 janvier 1747, Jean-François de Sarps, demeurant à Versailles, promettait à la reine Marie Leczinska, représentée par le
comte de la Motte-Houdancourt, son premier écuyer, Louis de
Talaru, marquis de Chalmazel, son premier maître d'hôtel, les sieurs
Pierre Fournier, Cosme de Jaillac, ses maîtres d'hôtel, et Simon
Mercier, son contrôleur général, « de fournir la maison de Sa Majesté,
« soit pour la dépense ordinaire, festins, traitements d'ambassadeurs
« étrangers, seigneurs français, ou pour autres dépenses extraordi-
« naires telles qu'elles soient, pendant trois ans, de toutes sortes de
« viandes et gibier, poisson d'eau douce et de mer, frais, sec et salé
« et de toutes autres marchandises concernant l'état de pourvoierie,
« suivant les menus qui lui en seront donnés, et non à sa volonté et
« commodité. Tout poisson sujet à être mesuré le sera entre œil et
« bât, et sera compté au pourvoyeur, pour les viandes qu'il sera
« obligé de piquer et barder pour l'extraordinaire, soit pour la
« bouche, petit et grand commun, à Paris, Versailles, Trianon,
« Marly, Meudon, Fontainebleau et Compiègne, une livre de lard
« pour chaque pièce, et, lorsque la reine sera en voyage à vingt lieues
« de Paris et au delà, et partout où le parisis aura lieu, il lui sera
« compté deux livres de lard par pièce qu'il fera barder ou piquer.
« Les fournitures seront faites suivant les saisons de l'année, sans
« qu'il puisse s'excuser ni que l'on soit tenu de prendre ce qui
« serait hors de saison, et si, par la cherté des fournitures et mar-
« chandises, ledit pourvoyeur en voulait fournir qui ne fussent pas
« de saison et de bonne qualité, en ce cas, on en achèterait à ses
« dépens, quoi qu'elles puissent coûter, sans qu'elles lui soient comp-
« tées qu'à raison du prix convenu... Et lorsque Sa Majesté sera
« en voyage dans le royaume ou ailleurs, et que le pourvoyeur sera
« obligé d'augmenter ses équipages et de se constituer en grands
« frais, les stipulants, en en prenant connaissance, feront leurs remon-
« trances au roi pour procurer au pourvoyeur le dédommagement
« qu'il plaira à Sa Majesté de lui procurer... » Le poisson était
apporté, du 1er octobre à la fin de mars, à sept heures du matin, et,

du 1er avril au trente septembre, à cinq heures, et la viande à deux heures après midi, afin que, s'il arrivait que les fournitures ne fussent pas bonnes, on eût le temps d'en avoir d'autres, comme on ne pouvait fournir aucun poisson mort à Paris, Versailles, Saint-Germain-en-Laye, Blois, Fontainebleau, Vincennes, Meudon ou autres lieux sur les rivières ou auprès d'elles.

Le pourvoyeur était tenu d'assister en personne au service et à la suite de la reine et de fournir, à ses dépens, le nombre de couvertures aux armes et couleurs de Sa Majesté, et de ce chef recevait 160 livres par an. Il avait chaque jour six pains, un septier de vin, et était logé par les maréchaux-des-logis de la maison de la reine. Le pourvoyeur ne pouvait prétendre aucun supplément pour les mauvaises années, cherté, mortalité, sécheresse, stérilité, guerre, etc.

Le 11 juin 1751, Antoine Crespy, demeurant rue Saint-Antoine, Louis Vollée, logé même rue, Pierre Berthelin de Neuville, demeurant rue Saint-Honoré, traitaient pour six ans aux mêmes clauses. Ce dernier contrat fut renouvelé le 1er février 1756.

Le vin fut aussi fourni par contrats, d'octobre 1739, renouvelés de six ans en six ans, jusqu'en 1763. François Bailly, marchand de vin de la reine, demeurant rue des Prêtres-Saint-Germain-l'Auxerrois, devait donner « du meilleur, bon et loyal, et seulement du vin fran-« çais, sans même qu'il en puisse faire boire d'Orléans ou de Gas-« cogne, » au prix de 300 livres le muid de vin de bouche ou de table, 120 livres le muid de vin commun, le muid de jauge, mesure de Paris, valant trente-six septiers. Lorsque la reine était éloignée de vingt lieues de Paris, l'entrepreneur recevait le Parisis et le logement ; en tout temps il payait les droits d'octroi et touchait chaque jour deux pièces de grosses viandes ou poissons et quatre pains. Ses marchandises étaient garnies de couvertures aux armes royales, pour l'entretien desquelles on lui donnait 160 livres par an.

Quant au pain, Toussaine Rouzeau, épouse de Jean Lepage, boulanger de la reine et de la dauphine, et Nicolas Bouillard, boulanger à Versailles, devaient servir deux tiers de pain de bouche et un tiers du commun, de dix onces, cuit et rassis, « lequel, pezé, deux de bouche « et un du commun faisant trente onces, sera payé 20 sols la dou-« zaine. » Il était délivré aux boulangers deux sacs de cuir pour porter leur marchandise ; ils avaient le logement, quand la cour était hors de la capitale, et avaient droit à huit pains, deux quartes de vin de table, une quarte de vin commun, deux pièces de viande les jours gras, deux brochets de pied les jours maigres.

Enfin, Anne-Louise Jumelet, veuve d'Edouard-Anne Cozetté, marchande lingère de Marie Leczinska, demeurant aux Gobelins, paroisse Saint-Hypolite, devait laver le linge de table de la reine, provenant du déjeuner, du dîner, de la collation et du souper, etc., tant pour elle que pour sa maison, moyennant 28 livres par jour. Elle recevait quatre pains pour elle et pour son garçon, une quarte de vin de table, une de vin commun, une pièce de mouton les jours gras, une carpe de pied les jours maigres; hors Paris, elle était logée. Elle touchait en outre 20 sols par couverts pour le linge fourni à l'extraordinaire, festins d'ambassadeurs, etc. Elle était tenue de rendre tout le linge bien plié dans des coffres, « et, s'il arrivait (ce qu'à Dieu ne plaise), « dit encore le contrat, que, par feu, guerre, eaue, ou autre cause ne « provenant pas de la faute de la dame Cozette, le linge périt ou « fût volé, Sa Majesté en récompensera ladite lingère. »

P. S. — Au moment de mettre sous presse, nous trouvons les marchés de la reine Marie-Thérèse; ils sont peu différents de ceux que nous avons ci-dessus donnés. Le 13 décembre 1683, Claude Rafar, ci-devant pourvoyeur de la maison du Roi, demeurant rue Beaurepaire, les signait; le même jour, Claude Texier, capitaine général des charrois de l'artillerie de France, demeurant près Saint-Jacques-du-Haut-Pas, et Roland Bergiennes, capitaine général des vivres de l'armée, promettaient à Sa Majesté de lui fournir huit chariots attelés de quatre chevaux pour voiturer les offices de bouche et du commun, moyennant vingt-cinq sols par jour et par cheval.

Dans la liste suivante, la lettre *a* désigne le compte de maison du cardinal de Richelieu, *b* du duc de Nemours, *c* du duc de Candalle, *d* du cardinal Mazarin, *e* de Louis XIV, *f* de la duchesse de Bourgogne, *g* de Marie Leczinska.

La livre de poitrine de bœuf. — *a.* 3 s. — *c.* 5 s. 6 d. — *e.* 3 s. 6 d. — *f.* 6 s. — *g.* 8 s. 3 d.

Langue et bouillon de bœuf. — *c.* 12 s. — *d.* 6 s. 6 d. — *e.* 8 s.

Palais de bœuf. — *a.* 4 s. — *b.* 3 s. — *c.* 6 s. — *d.* 5 s. — *e.* 3 s. 6 d. — *f.* 5 s. — *g.* 8 s.

La livre de moelle de bœuf. — *a.* 20 s. — *b.* 23 s. — *d.* 26 s. — *e.* 26 s. 3 d. — *f.* 5 s.

La tétine de vache. — *a.* 6 s. — *b.* 6 s. — *d.* 10 s. — *e.* 6 s.

La langue de bœuf fraîche. — *a.* 10 s. — *b.* 8 s. — *f.* 12 s.

La langue de bœuf salée. — *a.* 16 s.

La langue de bœuf fumée. — *a.* 16 s. — *b.* 20 s. — *d.* 18 s. — *e.* 15 s. — *f.* 20 s.

La fressure et foie de veau. — *a.* 10 s. — *b.* 8 s. — *c.* 12 s. — *d.* 14 s. — *e.* 15 s. 6 d. — *f.* 10 s.

La tête de veau. — *b.* 4 s. — *d.* 7 s. — *e.* 7 s.

La livre de veau. — *g.* 8 s. 3 d.

Le veau, pesant 30 à 40 livres. — *e.* 12 l.

Le veau pour la bouche du roi, pesant 5o livres. — *e.* 12 l.

Le chevreau, de la Toussaint au dernier mars. — *b.* 10 l. — *d.* 3 l. — *e.* 4 l.

Le chevreau, du dernier mars à la Toussaint. — *e.* 11 l.

Issue de chevreau. — *d.* 12 s. — *e.* 10 s.

Deux rognons de bélier. — *b.* 10 s. — *d.* 16 s. — *e.* 17 s.

La livre de ris de veau. — *c.* 36 s. — *d.* 38 s. — *e.* 36 s. — *f.* 40 s.

Livre de veau, bœuf, mouton. — *b.* 6 s.

Ventre de bœuf. — *b.* 8 s.

Langue de mouton, pieds et caillettes. — *b.* 2 s. 6 d. — *c.* 18 s. — *e.* 10 s. 6 d. — *f.* 4 s. — *g.* 10 s.

Douze pieds de mouton. — *b.* 8 s. — *f.* 10 s.

Agneau. — *b.* 4 l. — *d.* 100 s. — *f.* 13 l. 4 s.

Deux têtes d'agneau. — *b.* 25 s.

Graisse, huile et chandelles. — *a.* 8 s. — *e.* 10 s. — *f.* 10 s. — *g.* 13 s.

Livre de beurre. — *b.* 18 s. — *d.* 3o s. — *e.* 10 s. — *f.* 10 s.

Livre de beurre de Vannes. — *e.* 3o s. — *f.* 3o s.

Les poulets d'Inde, dont deux ne servent que pour un. — *a.* 26 s. — *d.* 28 s. — *e.* 27 s. 6 d.

Les coqs et poules d'Inde. — *a.* 10 s. — *c.* 25 s. — *d.* 36 s. — *e.* 55 s. — *f.* 5o s. — *g.* 88 s.

Cane pétière. — *b.* 35 s. — *c.* 3o s. — *e.* 3o s.

Courlis, butor, héron. — *c.* 3o s. — *e.* 3o s.

Gélinotte, coq de bois. — *a.* 3 l. 4 s. — *b.* 20 s. — *c.* 5 l. — *d.* 3 l. 12 s. — *e.* 4 l.

Chapon vieil ou gras. — *b.* 3o s. — *e.* 40 s. — *g.* 66 s.

Douze petits oiseaux. — *e.* 10 s. 6 d.

Caille. — *a.* 5 s. — *d.* 8 s. — *e.* 10 s. — *g.* 22 s.

Tourterelle. — *d.* 8 s. — *e.* 10 s.

Chevalier, bécassine, vanneau. — *a.* 10 s. — *c.* 8 s. — *d.* 8 s. — *e.* 10 s. — *g.* 22 s.

L'oison, de la Toussaint au dernier mars. — *e.* 4 l. 10 s. — *f.* 25 s.

L'oison, du dernier mars à la Toussaint. — *e.* 3o s.

L'oison, en tout temps. — *d.* 4 l. 5 s.

L'oie grasse. — *a.* 32 s. — *c.* 38 s. — *d.* 36 s. — *e.* 35 s. — *f.* 5o s.

L'ortolan. — *c.* 48 s. — *d.* 48 s. — *e.* 5o s. — *g.* 88 s.

Douze grives. — *a.* 32 s. — *d.* 48 s. — *e.* 40 s. — *f.* 5o s.

La poule, bonne et raisonnable. — *a.* 16 s. — *d.* 24 s. — *e.* 18 s. — *g.* 44 s.

Trois pigeons. — *d.* 24 s. — *e.* 3 l. — *f.* 25 s.

Quatre pigeons cauchois. — *f.* 25 s.

Trois poulets. — *d.* 24 s. — *f.* 25 s. — *g.* 44 s.

La livre de crêtes. — *f.* 100 s.

Douze alouettes. — *b.* 10 s. — *c.* 22 s. — *d.* 24 s. — *e.* 15 s. — *f.* 25 s. — *g.* 44 s.

Un cygne. — *a.* 3 l. 4 s. — *b.* 5o s. — *d.* 4 l. 3 s.

Un héron. — *d.* 36 s.

Un paon. — *a.* 3 l. 4 s. — *b.* 5o s. — *d.* 3 l. 4 s.

Deux bizets. — *d.* 24 s.
Douze pigeons de volière. — *b.* 6 l. — *d.* 4 l. 16 s.
Douze poulets de grain. — *b.* 6 l. — *d.* 6 l. 12 s.
Le chapon. — *a.* 16 s. — *b.* 20 s. — *d.* 24 s. — *f.* 36 s.
La perdrix. — *a.* 16 s. — *b.* 20 s. — *d.* 24 s. — *f.* 25 s. — *g.* 44 s.
Le perdreau. — *a.* 16 s. — *b.* 20 s. — *d.* 24 s. — *f.* 25 s. — *g.* 44 s.
Un ramier, ou deux ramereaux. — *a.* 16 s. — *b.* 20 s. — *d.* 24 s. — *f.* 25 s. — *g.* 44 s.
La bécasse. — *a.* 16 s. — *b.* 20 s. — *d.* 24 s. — *f.* 25 s. — *g.* 44 s.
Guignard. — *f.* 25 s. — *g.* 44 s.
L'oiseau de rivière. — *d.* 24 s. — *f.* 25 s.
Les deux pluviers. — *a.* 16 s. — *d.* 24 s.
Faisan et faisandeau. — *a.* 3 l. 4 s. — *b.* 4 l. 10 s. — *d.* 3 l. 12 s. — *e.* 4 l. — *f.* 100 s. — *g.* 8 l. 3 s.
Pied de bœuf. — *d.* 4 s.
Tête de bœuf. — *d.* 12 s.
Marcassin. — *b.* 3 l. — *c.* 3 l. — *d.* 3 l. 12 s. — *f.* 7 l. 10 s.
Deux halbrans, ou canards. — *f.* 50 s. — *g.* 44 s.
Six ailerons de dindons. — *g.* 44 s.
Chapon de Bruges. — *f.* 75 s. — *g.* 88 s.
Coq de bruyère. — *g.* 8 l. 3 s.
Six foies gras. — *f.* 25 s. — *g.* 44 s.
Un rouge. — *f.* 50 s. — *g.* 88 s.
Un râle. — *g.* 44 s.
La livre de cresson. — *d.* 4 l. 16 s.
Morue fraîche. — *a.* 14 s. — *c.* 11 s. — *d.* 35 s. — *e.* 40 s. — *f.* 40 s. — *g.* 7 l. la grande, 3 l. la petite.
Morue salée. — *a.* 20 s. — *e.* 40 s.
Morue fumée. — *d.* 7 s.
Morue de Terre-Neuve. — *d.* 36 s. — *e.* 35 s. — *f.* 35 s. — *g.* 1 l. 5 s.
Le cent de chevrettes. — *a.* 25 s. — *b.* 20 s. — *d.* 12 s.
La livre de baleine. — *a.* 10 s. — *d.* 12 s. — *e.* 10 s.
La raie. — *a.* 25 s. — *d.* 40 s. — *f.* 3 l. et 30 s. — *g.* 5 l.
La plie et l'oie de mer. — *a.* 12 s. — *d.* 25 s. — *f.* 20 s. — *g.* 1 l. 5 s.
La livre de congre frais. — *a.* 10 s. — *b.* 16 s. — *d.* 11 s. — *e.* 10 s. — *f.* 8 s. — *g.* 15 s.
Le cent de harengs, saurs et fumés. — *a.* 4 l. 10 s. — *c.* 6 l. 5 s. — *d.* 4 l. — *e.* 6 l. 10 s. — *f.* 6 l. — *g.* 7 l. 10 s.
Le cent de harengs frais. — *a.* 6 l. — *c.* 5 l. — *e.* 6 l. — *f.* 6 l.
Le turbot, pesant vingt livres. — *c.* 16 l. — *d.* 15 l. — *e.* 14 l. — *f.* 20 l. — *g.* 70 l.
Le turbot, pesant quinze livres. — *c.* 10 l. — *d.* 10 l. — *e.* 9 l. — *f.* 15 l. — *g.* 50 l.
Le turbot, pesant dix livres. — *a.* 7 l. — *c.* 7 l. — *d.* 5 l. — *e.* 6 l. 15 s. — *f.* 10 l. — *g.* 30 l.
Petit turbot. — *f.* 6 l.
La grande sole, bonne et raisonnable. — *a.* 25 s. — *e.* 40 s. — *f.* 3 l. — *g.* 7 l.

La dorade. — *c.* 3 l. 10 s. — *d.* 3 l. 10 s. — *e.* 4 l. — *f.* 50 s. — *g.* 3 l. 10 s.

Le carlet. — *f.* 7 s.

La barbue. — *c.* 3 l. 10 s. — *d.* de 4 à 13 l. — *e.* de 4 à 7 l. — *f.* 9 l. — *g.* grande, 34 l.; moyenne, 12 l.; petite, 4 l.

Le petit pourplis. — *e.* 20 s.

Le mulet de mer, de pied quatre doigts. — *a.* 15 s. — *c.* 26 s. — *e.* 40 s. — *f.* 50 s. — *g.* 4 l.

La livre d'esturgeon. — *a.* 15 s. — *b.* 25 s. — *d.* 28 s. — *e.* 12 s. 6 d. — *f.* 25 s. — *g.* 7 l.

La livre de thon. — *a.* 15 s. — *b.* 16 s. — *c.* 10 s. — *d.* 20 s. — *e.* 30 s. — *f.* 12 s. — *g.* 25 s.

Thon mariné, la livre. — *f.* 35 s.

Le cent de sardines. — *a.* 52 s. — *c.* 40 s. — *d.* 3 l. 6 s. — *e.* 50 s. — *f.* 4 l.

Cent grandes huîtres. — *c.* 100 s. — *d.* 100 s. — *e.* 100 s. — *f.* 6 l. — *g.* 9 l.

Cent huîtres en écailles. — *a.* 6 l. — *b.* 100 s. — *c.* 20 s. — *d.* 13 s. — *e.* 16 s. — *f.* 36 s.

Huîtres marinées, le baril. — *g.* 12 l.

Cent petites huîtres. — *a.* 60 s. — *g.* 7 l.

Cent huîtres de Marenne ou de la Rochelle. — *g.* 18 l.

Cent cancres. — *a.* 4 l. 10 s. — *d.* 4 l. 10 s. — *e.* 3 l. 10 s.

La seiche. — *a.* 15 s. — *b.* 20 s. — *d.* 15 s. — *e.* 20 s.

La seiche sèche. — *a.* 4 s. 6 d. — *d.* 20 s. — *e.* 28 s.

La grappe. — *a.* 20 s. — *d.* 7 s. — *e.* 15 s.

Le homard. — *a.* 32 s. — *b.* 38 s. — *c.* 20 s. — *d.* 38 s. — *e.* 20 s. — *f.* 40 s. — *g.* 3 l.

L'alose salée. — *c.* 12 s. — *d.* 12 s. — *e.* 13 s.

Alose de Seine. — *g.* 8 l. 10 s.

Alose de Nantes. — *g.* 4 l. 10 s.

Le coq de mer. — *e.* 20 s.

Le maquereau salé. — *c.* 5 s. — *e.* 4 s. — *g.* 4 s.

Crabe. — *g.* 1 l. 10 s.

Cellerin, le cent. — *g.* 5 l.

La pucelle. — *a.* 7 s. — *b.* 6 s. — *d.* 16 s. — *e.* 10 s. — *f.* 12 s. — *g.* 12 s.

Le canard. — *e.* 12 s.

Le coq vairlu et chairette, chacun plat. — *e.* 24 s.

Le panier de moules. — *b.* 60 s. — *e.* 3 l. — *g.* 3 l.

Cent grosses moules. — *a.* 10 s. — *b.* 10 s. — *c.* 10 s. — *d.* 12 s. — *e.* 15 s. — *f.* 10 s.

Le cent de tripes de molue. — *a.* 60 s. — *c.* 3 l. — *d.* 3 l. — *e.* 25 s.

Egrefin. — *c.* 16 s. — *d.* 27 s. — *e.* 30 s.

Vive, bonne et raisonnable. — *c.* 9 s. — *d.* 10 s. — *e.* 8 s. — *f.* 10 s. — *g.* de 2 à 4 l.

Rouget et merlan. — *c.* 6 s. — *e.* 9 s. — *g.* de 2 à 5 l.

Maquereau frais. — *c.* 8 s. — *d.* 8 s. — *e.* 10 s. — *f.* 8 s. — *g.* 1 l.

.: Bar de deux pieds. — *a.* 3 l. 10 s. — *b.* 3 l. — *c.* 4 l. — *d.* 4 l. 15 s. — *e.* 6 l. — *f.* 4 l. — *g.* 8 l.

Bar de pied et demi, quatre doigts. — *b.* 5o s. — *b.* 3 l. — *d.* 2 l. 18 s. — *e.* 5o s. — *f.* 3 l. — *g.* 6 l.

Bar de pied et demi. — *b.* 25 s. — *c.* 40 s. — *d.* 28 s. — *e.* 3o s. — *f.* 40 s. — *g.* 2 l. 10 s.

. Lubine grande. — *b.* 40 s. — *c.* 25 s. — *d.* 4 l. 18 s. — *e.* 6 l. — *f.* 4 l. — *g.* 2 l. 10 s.

Lubine moyenne. — *b.* 25 s. — *c.* 20 s. — *d.* 3 l. — *e.* 3 l.

Lubine petite. — *b.* 15 s. — *c.* 10 s. — *d.* 38 s. — *e.* 40 s.

Maniveau d'éperlans, le cent. — *a.* 32 s. 6 d. — *b.* 16 s. — *c.* 5o s. — *d.* 48 s. — *e.* 5o s. — *f.* 5o s. — *g.* 5o s.

Rouget-barbot. — *a.* 20 s. — *c.* 10 s. — *e.* 20 s. — *f.* 20 s. — *g.* 2 l.

La livre de marsouin. — *a.* 10 s. — *c.* 8 s. — *e.* 10 s. — *f.* 12 s.

Le cent d'allevins. — *d.* 39 s. — *e.* 5o s.

Ombre. — *a.* 10 s. — *e.* 10 s. — *f.* 20 s. — *g.* 8 s.

Cent grenouilles. — *a.* 14 s. — *b.* 16 s. — *c.* 16 s. — *d.* 14 s. — *e.* 20 s. — *f.* 20 s. — *g.* 2 l.

Saumon salé, 2 pieds et demi. — *a.* 10 s. — *c.* 6 l. 10 s. — *d.* 5 l. 18 s. — *e.* 4 l.

Saumon salé, 2 pieds. — *e.* 4 l. — *f.* 100 s. — *g.* 11 l.

Saumon salé, pied et demi. — *e.* 5o s. — *f.* 4 l. — *g.* 6 l.

Caillebot. — *e.* 3o s.

Papillon. — *e.* 12 s.

Livre de maigre. — *a.* 12 s. — *d.* 12 s. — *e.* 13 s.

Un plat de loches. — *a.* 20 s. — *c.* 28 s. — *e.* 20 s. — *f.* 20 s. — *g.* 2 l. 15 s.

Une barbotte. — *c.* 6 s. — *d.* 10 s. — *e.* 12 s. — *g.* 1 l. 10 s.

Grande brême. — *a.* 16 s. — *f.* 35 s. — *g.* 3 l.

La macreuse. — *f.* 40 s. — *g.* 2 l. 10 s.

Brochet de deux pieds et au-dessus. — *a.* 11 l. — *b.* 12 l. — *c.* 14 l. — *e.* 15 l. — *f.* 15 l. — *g.* 20 l.

Brochet de un pied et demi 4 doigts. — *a.* 7 l. 15 s. — *b.* 9 l. — *d.* 14 l. — *e.* 10 l. — *f.* 11 l. — *g.* 15 l.

Brochet de pied et demi. — *a.* 4 l. 5 s. — *b.* 6 l. — *d.* 4 l. — *e.* 6 l. — *f.* 7 l. — *g.* 10 l.

Brochet de pied 4 doigts. — *a.* 37 s. — *b.* 3 l. — *c.* 3 l. 6 s. — *d.* 3 l. 5 s. — *e.* 3 l. 6 s. — *f.* 3 l. 5 s. — *g.* 6 l.

Brochet de pied deux doigts. — *a.* 35 s. — *c.* 20 s. — *d.* 38 s. — *e.* 35 s. — *f.* 35 s. — *g.* 1 l. 5 s.

Brochet de pied. — *a.* 25 s. — *b.* 15 s. — *d.* 24 s. — *e.* 16 s. — *f.* 18 s.

Carpe de deux pieds et au-dessus. — *a.* 10 l. — *b.* 12 l. — *c.* 16 l. — *d.* 14 l. — *e.* 16 l. — *f.* 24 l. — *g.* 53 l.

Carpe de pied et demi quatre doigts. — *a.* 6 l. — *b.* 9 l. — *c.* 11 l. 6 s. — *d.* 8 l. 16 s. — *e.* 11 l. — *f.* 22 l. — *g.* 41 l.

Carpe de pied et demi. — *a.* 3 l. 10 s. — *b.* 6 l. — *c.* 8 l. — *d.* 4 l. 8 s. — *e.* 8 l. — *f.* 10 l. — *g.* 18 s.

Carpe de pied quatre doigts. — *a.* 35 s. — *b.* 3 l. — *c.* 3 l. 10 s. — *d.* 3 l. — *e.* 3 l. — *f.* 4 l. — *g.* 6 l. 10 s.

Carpe de pied deux doigts. — *a.* 22 s. — *b.* 25 s. — *c.* 25 s. — *d.* 38 s. — *e.* 35 s. — *f.* 40 s. — *g.* 3 l. 10 s.

Carpe de pied. — *a.* 10 s. — *b.* 10 s. — *c.* 12 s. — *d.* 12 s. — *e.* 12 s. — *f.* 20 s. — *g.* 1 l. 15 s.

Barbeau de deux pieds et au-dessus. — *a.* 3 l. 10 s. — *b.* 6 l. — *c.* 4 l. — *d.* 9 l. 10 s. — *e.* 5 l. — *f.* 100 s. — *g.* 2 l. 10 s.

Barbeau de pied et demi quatre doigts. — *a.* 45 s. — *b.* 4 l. — *c.* 3 l. 15 s. — *d.* 58 s. — *e.* 3 l. — *f.* 3 l. — *g.* 2 l.

Barbeau de pied et demi. — *a.* 35 s. — *b.* 50 s. — *c.* 3 l. — *d.* 58 s. — *e.* 40 s. — *f.* 50 s. — *g.* 15 s.

Barbeau de pied quatre doigts. — *a.* 22 s. — *b.* 38 s. — *c.* 38 s. — *d.* 32 s. — *e.* 22 s. — *f.* 30 s. — *g.* 12 s.

Barbeau de pied deux doigts. — *a.* 16 s. — *b.* 16 s. — *d.* 27 s. — *e.* 12 s. — *f.* 20 s.

Barbeau de pied. — *a.* 12 s. — *d.* 13 s. — *e.* 8 s. — *f.* 12 s.

Cent de lamproyons. — *a.* 4 l. 4 s. — *g.* 1 l. 5 s.

Grande perche. — *a.* 20 s. — *b.* 50 s. — *c.* 4 l. — *d.* 48 s. — *e.* 50 s. — *f.* 25 s. — *g.* 7 l.

Deux perches moyennes. — *b.* 35 s. — *d.* 48 s.

La tortue. — *a.* 40 s. — *b.* 35 s. — *c.* 50 s. — *d.* 38 s. — *f.* 50 s. — *g.* 4 l. 10 s.

Cent écrevisses de Péronne. — *a.* 16 s. — *b.* 32 s. — *c.* 14 s. — *d.* 38 s. — *e.* 40 s.

L'écrevisse de Seine commune, le cent. — *f.* 14 l.

L'écrevisse commune, le cent. — *f.* 5 l.

Plat de goujons. — *a.* 10 s. — *c.* 15 s. — *d.* 17 s. — *e.* 16 s. — *f.* 18 s. — *g.* 1 l. 15 s.

Tanche de deux pieds. — *a.* 8 s. — *c.* 20 s. — *e.* 25 s.

La lamproie, de la Toussaint au dernier mars. — *d.* 48 s. — *e.* 3 l. — *g.* 1 l. 5 s.

La lamproie, du dernier mars à la Toussaint. — *d.* 40 s. — *e.* 40 s. — *f.* 40 s.

L'alose fraîche, raisonnable. — *b.* 45 s. — *d.* 48 s. — *e.* 3 l. et 40 s. — *f.* 3 l.

L'alose de Seine. — *g.* 8 l. 10 s.

L'alose de Nantes. — *f.* 4 l. 10 s.

L'anguille de rost. — *a.* 20 s. — *b.* 30 s. — *c.* 25 s. — *d.* 27 s. — *e.* 35 s. — *f.* 30 s. — *g.* 40 s.

L'anguille de fossé. — *b.* 28 s. — *d.* 14 s. — *e.* 25 s.

L'anguille de potage. — *b.* 12 s. — *f.* 15 s.

La plye de Loire. — *a.* 20 s. — *b.* 16 s. — *c.* 20 s. — *e.* 20 s.

Le mulet de Loire. — *e.* 30 s. — *g.* De 1 à 4 l.

Le cent de barbillons. — *a.* 12 s. — *c.* 25 s.

Cent barbillons de Loire. — *b.* 7 l. — *e.* 6 s.

Cent gardons. — *a.* 60 s.

Saumon frais de trois pieds et au-dessus. — *a.* 20 l. — *b.* 20 l. — *c.* 25 l. — *d.* 36 l. — *e.* 32 l. — *f.* 34 l. — *g.* 84 l.

Saumon de deux pieds et demi. — *b.* 16 l. — *c.* 18 l. — *e.* 24 l. — *f.* 26 l. — *g.* 54 l.

Saumon de deux pieds. — *b*. 12 l. — *c*. 24 l. — *d*. 24 l. — *e*. 18 l. — *f*. 18 l. — *g*. 30 l.

Le pâté de saumon. — *c*. 25 l. — *e*. 18 l. — *f*. 18 l. — *g*. 18 l.

Truite de deux pieds. — *b*. 12 l. — *c*. 10 l. — *d*. 14 l. — *e*. 15 l. — *g*. 24 l.

Truite de pied et demi. — *b*. 9 l. — *c*. 6 l. — *d*. 10 l. — *e*. 8 l. — *g*. 17 l.

Truite de pied quatre doigts. — *b*. 6 l. — *c*. 4 l. 10 s. — *d*. 5 l. 10 s. — *e*. 4 l. — *f*. 16 l. — *g*. 12 l.

Truite de pied deux doigts. — *b*. 3 l. — *c*. 50 s. — *d*. 38 s. — *e*. 3 l. — *g*. 7 l.

Truite de pied. — *b*. 30 s. — *c*. 30 s. — *d*. 24 s. — *e*. 15 s. — *f*. 30 s. — *g*. 4 l.

Truitard. — *a*. 8 s. — *f*. 30 s. — *g*. 2 l. 10 s.

Truite de Courance. — *g*. 25 l.

Pâté de truite. — *c*. 7 l. — *e*. 8 l. — *f*. 12 l.

La livre de lard et saindoux. — *b*. 9 s. — *c*. 10 s. — *d*. 56 s. — *f*. 18 s.

Le carré de porc. — *c*. 16 s.

L'andouille commune. — *c*. 7 s. — *d*. 6 s. 6 d. — *g*. 20 s.

Douze saucisses de veau. — *c*. 23 s. — *d*. 22 s.

Douze saucisses de porc, boudin. — *b*. 16 s. — *c*. 13 s. — *e*. 34 s.

La livre de jambon de Mayence. — *b*. 10 s. — *c*. 13 s. — *d*. 11 s. — *e*. 15 s. — *f*. 15 s.

Le jambon de porc salé. — *a*. 20 s. — *c*. 30 s. — *d*. 38 s. — *e*. 20 s. — *g*. 1 l. 5 s.

L'andouille de Troyes. — *c*. 16 s. — *d*. 13 s. — *e*. 15 s.

Douze andouillettes. — *e*. 48 s.

L'issue de porc, pied, grouin. — *b*. 10 s. — *d*. 6 s. 6 d. — *g*. 20 s.

Oreilles de porc. — *a*. 30 s. — *c*. 15 s. — *d*. 16 s. — *e*. 22 s.

Échine de porc. — *a*. 30 s. — *d*. 38 s. — *e*. 30 s.

Ventre de porc. — *b*. 12 s. — *d*. 16 s. — *e*. 42 s.

Fressure de porc. — 15 s. — *c*. 25 s. — *d*. 16 s. — *e*. 35 s.

Cochon de lait. — *a*. 10 l. — *d*. 10 l. — *e*. 10 l. — *g*. 88 s.

Cervelas. — *b*. 6 s. — *c*. 6 s. — *d*. 6 s. — *e*. 8 s.

Cervelas de porc. — *c*. 15 s.

Livre de saucisson. — *d*. 12 s.

Pan de côtelettes de porc frais. — *a*. 30 s. — *b*. 12 s. — *c*. 18 s. — *d*. 16 s.

La livre de porc salé. — *b* 5 s.

Livre de cervelas de Bologne ou Milan. — *b*. 15 s.

La livre d'anchois. — *b*. 20 s.

La grosse saucisse. — *g*. 15 s.

Le bout de boudin blanc. — *g*. 15 s.

Le bout de boudin noir. — *g*. 10 s.

La brasse de boudin noir. — *g*. 50 s.

Le gros saucisson. — *g*. 50 s.

Le pied de porc à la Sainte-Menehould, en deux morceaux. — *g*. 30 s.

Le cent d'œufs. — *b*. 3 l. — *e*. 4 l. — *g*. 5 l.

La livre de porc frais. — *c*. 6 s. — *d*. 6 s. — *e*. 6 s.

Livre de beurre et d'huile d'olive. — *d*. 10 s. — *e*. 10 s.

Cent escargots. — *a*. 12 s. — *b*. 8 s. — *c*. 10 s. — *d*. 13 s. — *e*. 12 s. — *f*. 15 s.

La voie de gros bois flotté. — *b.* 10 l. 10 s.
Cent fagots. — *b.* 6 l.
Voie de charbon. — *b.* 16 l.
La livre de nègre. — *f.* 1 l. 4 s.
Langue de bœuf parfumée. — *g.* 30 s.
Langue de bœuf fourrée. — *g.* 40 s.
Langue de bœuf fraîche. — *g.* 1 l.
Langue de porc fourrée. — *g.* 30 s.
Langue de mouton fourrée. — *g.* 15 s.

———

(Extrait du *Bulletin de la Société de l'Histoire de Paris et de l'Ile-de-France*, mars-avril 1892.)

Nogent-le-Rotrou, imprimerie DAUPELEY-GOUVERNEUR.